Asuntos de la Ingeniería de Software

Artículos Seleccionados

Luis Antonio Salazar Caraballo

Ingeniería e Informática

Gazafatonario IT

http://www.gazafatonarioit.com

Dirección General: Luis Miguel Salazar de la Hoz
Dirección de Contenidos: Luis Antonio Salazar Caraballo
Diseño de cubierta: Pamela Denisse Salazar Vega

Segunda edición en español
© Gazafatonario IT, 2013
Una marca de Luis Antonio Salazar Caraballo

Tabla de Contenido

A **Pamela**,
que mantiene mi vida más allá de lo que es posible

Introducción

Esta es la recopilación de una serie de artículos que escribí entre 2004 y 2006 y que publiqué en mi blog Gazafatonario IT que pueden encontrar en:

http://www.gazafatonarioit.com

A pesar de la edad de los artículos los temas que aquí trato se mantienen vigentes y seguirán vigentes durante los próximos años. Se trata de algunos asuntos relacionados con la Ingeniería de Software, como el modelado de sistema s de software, enfoques de desarrollo de software, prácticas y métodos de desarrollo de software.

En particular, los temas giran alrededor de UML, UP, desarrollo iterativo y algunas prácticas probadas ampliamente en la industria de software como la administración de requisitos de software, la verificación continua de la Calidad y el uso de arquitecturas basadas en componentes, entre otras.

Pueden encontrar más información sobre estos y otras cuestiones relacionadas en mi Gazafatonario.

¿Qué Diagramas Usar?

En un foro virtual reciente sobre Metodologías de Desarrollo de Sistemas, me decía un Analista novel en el mundo del modelado, cuyo equipo de trabajo había adoptado RUP como la metodología para realizar proyectos, que uno de los miembros del equipo le había recomendado usar diagramas de Actividad para el desarrollo del software. Puesto que el equipo apenas ingresaba al universo RUP, él quería que alguien lo ayudara a dar los primeros pasos y me aclaró que también había leído que los Casos de Uso eran muy importantes.

Antes de clonar aquí la respuesta que le di entonces, creo que es necesario aclarar a ustedes, amigos de la Asociación, que RUP es una metodología, un Proceso Unificado para realizar el modelado del negocio, el estudio de requerimientos, el análisis y el diseño de un sistema, lo mismo que la programación, las pruebas, la documentación, la gerencia del proyecto, el manejo del entorno y el control de cambios. Es un proceso probado con éxito en cientos de proyectos en todo el mundo, sin embargo, es un proceso exigente en cuanto al talento requerido para ejecutarlo. Hoy día RUP se combina con procesos ágiles (Agile Software) para producir metodologías más adecuadas para todo tipo de proyectos heterogéneos. Pero esta columna no versará más sobre RUP, ese será tema de un extenso artículo en preparación.

Bueno, le dije a este personaje del cuento que los diagramas de Actividad encajaban mejor en el modelado de procesos de alto nivel, como aquellos en los que una organización muestra la forma de ejecutar sus funciones. Estos diagramas son muy fáciles de entender por los usuarios del negocio puesto que ellos mismos los usan para describir sus procesos. También agregué que los Casos de Uso eran la base de cualquier proceso de desarrollo Orientado a Objetos (aún si el nuevo sistema tiene software legado involucrado en el proceso que signifique, por ejemplo, integración con bases de datos o aplicaciones propietarias), especialmente, y que son precisamente los casos de uso los que conducen casi cualquier actividad en ese proceso.

Pero si miramos más de cerca los diagramas de actividad, le dije, encontraremos que ellos describen el flujo procedimental entre dos o más objetos que procesan una actividad (esto es definición RUP), de tal forma que pueden ser el flujo principal de un caso de uso o parte del mismo o de una secuencia alternativa de ese caso de uso.

En este punto lo invité (los invito) a que le den (vuelvan a dar) un vistazo a mis artículos introductorios sobre UML que se encuentran publicados en:

http://b.1asphost.com/LuchoSalazar/GazafatonarioIT/Prolegmenos %20Sobre%20el%20Lenguaje%20de%20Modelado%20Unificado.pdf.

Allí encontrarán las definiciones y las características principales de estos y de los demás diagramas de UML.

De vuelta al tema central le expresé mi opinión de que debería usar los diagramas de Actividad para documentar los procesos del negocio pero que tuviera en cuenta que el objetivo final era desarrollar modelos de casos de uso a partir de esos procesos. Usar diagramas de Actividad en la construcción del software (en la programación) no es muy útil realmente, puesto que estos diagramas son menos técnicos que los diagramas de colaboración, por ejemplo.

En un plano más general, continué mi explicación, todas las técnicas y elementos en RUP tienen, frecuentemente, múltiples propósitos. Realmente, no hay una "forma corta", acoté, de aprender la intención y decidir lo que es apropiado en cada situación. La forma más rápida que he encontrado para "adivinar" el objetivo de los artefactos es mirar la lista de actividades que producen y usan cada uno.

Están, por ejemplo, los diagramas de Clase, que presentan una vista estática del sistema, útiles además para construir el diagrama E-R (que no es de UML) a partir de las clases Entidad, un tema que será tratado en un artículo futuro. También los diagramas de Secuencia, si queremos tener una vista del comportamiento externo del sistema. Pero ninguno de estos diagramas es obligatorio; siempre debemos partir del hecho de que modelamos para entender un sistema y, desde esta perspectiva, un conjunto de trazos con significado en un tablero podrían decirnos más que una docena de diagramas y documentos "rupizados" altamente elaborados, sobre todo para la mayoría de proyectos que enfrentamos a diario.

Como recomendación adicional le dije que esperaba que él hallara útil traer a bordo a alguien con buen conocimiento de RUP para que lo ayudara a encontrar el sentido de todos esos Gigabytes de información proporcionada con el proceso y que lo guiara hasta los bits que él necesitaba justo ahora que comenzaba el proyecto. Por experiencia propia sé que este es el mejor camino cuando se trata de enfrentar una metodología como esta, porque muchas (casi todas) las situaciones que encontramos en nuestros proyectos no están escritas en los libros ni en los diversos tratados que se han elaborado sobre el tema.

¿Y libros?, me preguntó, recomiéndame algunos. Bueno, eso no tiene problema, un magnífico libro para iniciar es el de Martin Fowler, UML Gota a Gota, que presenta un muy buen compendio del uso que le podemos dar a cada diagrama de UML, lo mismo que sus rasgos importantes y definiciones. Para ir más allá, un poco, está el libro de Graig Larman, UML y Patrones, que además introduce este espinoso tema de los Patrones de Diseño, bastante desconocido en nuestro medio.

Eso fue todo, espero que le haya sido de utilidad mis recomendaciones, lo mismo que a ustedes, amigos lectores.

El Papel del Modelado en la Transformación de los Requisitos en Software

No nos digamos mentiras: desarrollar software es notoriamente difícil e impredecible. Muchos proyectos de software son cancelados, terminan tarde y sobre-presupuestados o tienen una calidad bastante deplorable.

Para justificar los continuos errores que cometemos proyecto tras proyecto en materia de calidad, de entrega a tiempo y de presupuesto establecido (Recursos + Talento Humano), muchos de nosotros nos amparamos en el hecho de que la Ingeniería de Software es una ciencia muy nueva, si la comparamos con ciencias milenarias como la medicina o la arquitectura, y nos decimos a nosotros mismos y a los demás que esto del desarrollo de software es un "arte" más que una ciencia o una disciplina.

Pero y ¿hasta cuándo vamos a esperar para convertir nuestro trabajo de "artistas" en trabajo de profesionales del desarrollo de software?

Precisamente, para que el Desarrollo de Software se convierta en una disciplina de la Ingeniería del Software debe saltar por encima de un conjunto de paradigmas que ha justificado la mediocridad patibularia en la que nos hemos postrado desde siempre.

Uno de ellos es el del Modelado. Si bien es cierto que el producto primordial de un proyecto no son artefactos como documentos de todo tipo, formateados, coloreados, estandarizados, ni consignas de grandeza o empuje (El Trabajo Dignifica al Ser Humano!), ni miles de líneas de código en el lenguaje más rebuscado o de moda, sino un magnífico fruto de software que plasme las necesidades muchas veces caprichosas (léase cambiantes) de los usuarios, el modelado de software constituye una pieza fundamental de todo ese engranaje que es el ciclo de vida del desarrollo, puesto que nos guía por un camino más o menos correcto hacía la generación de un buen sistema de información y es el que permite producir los accesorios correctos (documentos, código fuente, etc.)

Hoy día estamos gastando mucho más tiempo en corregir código que no funciona o presenta un mal comportamiento porque se hizo sin haber adquirido el conocimiento del sistema en construcción, en vez de gastar ese mismo tiempo en entenderlo a través de modelos que nos hubieran permitido además visualizar y controlar no solo la arquitectura de ese sistema, sino los mayores riesgos potenciales, los componentes a reutilizar y, en general, la funcionalidad del software, el objetivo final.

¿Y a todas estas, qué es un modelo? Algunos de ustedes creerán que los estoy tomando del pelo, pero si les cuento que durante quince años he hecho esa pregunta en conferencias y cursos "especializados" en materia de desarrollo de software y que las respuestas que he recibido de mis estudiantes son bastante imprecisas (a veces son totalmente mudas...), aceptarán que no estoy bromeando.

Pues bien, un modelo es una representación (simple) de la realidad. Representación en el sentido de grafía, forma. Simple en el sentido de escueto, desnudo. Realidad en el sentido de contexto, situación.

Aquí la palabra clave es "simple". Si la realidad, los requisitos establecidos por nuestros usuarios, es compleja, deberíamos abordar el modelado dividiendo el conjunto de requisitos en subconjuntos de requisitos más simples (los subconjuntos, no los requisitos) y si todavía tenemos "conjunticos" complejos, seguiremos fragmentándolos hasta obtener los agregados ("humanamente") más simples.

¿Qué les explique cómo es el asunto? Bueno, el problema que encontramos a diario quienes nos hemos atrevido a "modelar" (software) es que tratamos de modelar todos los requisitos al tiempo, o una gran porción de ellos; sin embargo, en los últimos tiempos he encontrado que manejar estos requisitos por raciones más asequibles al conocimiento "humano" trae mejores beneficios, construimos entonces esos modelos más simples, modelos que a su vez son sistemas, sistemas que a su vez cumplen con los requisitos de los usuarios, el ciclo vital! (Tengo que confesarlo, eso se lo debo también al excelente equipo de desarrolladores y arquitectos de software con los que he tenido la oportunidad de compartir proyectos durante estos años).

Y puesto que un modelo es un sistema, todo sistema se caracteriza por determinados parámetros que le aportan una descripción dimensional bien definida. Estos parámetros son:

1. Entrada o insumo o impulso (*"input"*).

2. Salida o producto o resultado (*"output"*).

3. Procesamiento procesador o transformador (*"throughput"*).

4. Retroalimentación o retroinformación (*"feedback"*) o alimentación de retorno.

5. Ambiente.

El detalle de cada una de estas características está por fuera del alcance de este ensayo. Lo que sí puedo decirles es que estos parámetros son el pilar cardinal de lo que se ha dado en llamar "Primer Principio de Desarrollo de Software", principio que a la postre, si todos lo seguimos, transformará de arte en disciplina al desarrollo de software, un principio con el que podamos definir muy pronto un "patrón de diseño universal" que nos guíe a través del diseño de software y que le dé a los modelos el papel y la importancia que realmente tienen y no el de "irrelevante" como muchos creíamos hasta hoy.

Ahora bien, muchos pensamos que el estudio del modelado empezaba con conocer a fondo un lenguaje de modelado como UML (en Gazafatonario IT ya inicié una labor de publicación de artículos sobre el tema, y éstos finalmente servirán para profundizar y entender mejor lo que aquí expongo), no obstante, primero era necesario saber que es un modelo y para qué sirve; teníamos un escenario enfermizo.

Bueno, este es un intento por aliviar esa situación.

Problemancia y Solucionancia

De todas las preguntas, observaciones y similares que me llegan a diario y que desafortunadamente por razones de tiempo no puedo atender en su completitud, quiero referirme esta vez a algunos comentarios y cuestiones que un colega me hace, a raíz de mi artículo anterior sobre Iteraciones. Ya le respondí a él, pero luego pensé que era interesante ampliar mis respuestas y darlas a un público más amplio, porque además son una muestra representativa de los temas que siempre discuto en los grupos de trabajo.

Como siempre, los nombres y algunos datos fueron cambiados para proteger la identidad de los culpables.

Sobre RUP

Nuestro amigo empieza diciendo que *"RUP no es una metodología, sino un Proceso y como tal tiene metodología y responsables de las actividades y artefactos."*

Ciertamente. RUP es un proceso de ingeniería de software, así es que estoy de acuerdo con esa apreciación, sin embargo, en el contexto en el que lo uso, Proceso y Metodología son sinónimos. Ahora van a salir los puristas del idioma a decirme que eso no es cierto, que hay una diferencia bien marcada. Pero no se trata de eso, hablo de las situaciones en las que uso las palabras: metodología es un término más arraigado en nuestro medio informático que proceso, que nos suena más a algo químico. Hay que ser flexibles en ese sentido y eso me da pie para hablarles de algo más adelante sobre adaptación.

Formalmente, un proceso es un conjunto de pasos ordenados con los que se busca un objetivo; en ingeniería de software, el propósito es construir un producto de software; en el caso de RUP, esos pasos están organizados en Disciplinas que a su vez definen Flujos de Trabajo y otros elementos del proceso.

Nuestro colega sigue diciendo que *"en este momento él y su equipo se encuentran desarrollando un proyecto bastante grande siguiendo los lineamentos de*

RUP, y por ser la primera experiencia ha sido difícil la aplicación (el proyecto es contratado con una empresa desarrolladora de Software). Están precisamente terminando la 4a iteración de la fase de Elaboración."

Ya he tenido experiencias con RUP (coincidentemente, la primera de ellas hace algunos años, fue con un proyecto también muy grande, como el mencionado), y también ha sido complejo aplicarlo. Ha sido un proceso de adaptación y adopción, yo lo he llamado en mis conferencias "de tropicalización". Este tipo de proyectos son escasos en nuestro medio (quiero decir, proyectos de software de varias docenas de personas y de varios años de duración), pero se dan algunas veces. La experiencia, en todo caso, ha sido enriquecedora (a veces ha sido dura, pero los resultados se han visto). En particular, celebro que estén involucrados en este tipo de procesos, creo que es la única forma de mejorar la calidad de lo que hacemos, productos de software.

Voy a hacer énfasis en esto de la adaptación y adopción. El Proceso Unificado tiene muchos "roles" responsables de esa gran cantidad de actividades y de ese enorme conjunto de artefactos que se pueden generar siguiendo el proceso al pie de la letra. Pero una de las grandes ventajas de RUP es que, aunque rígido, permite cierta flexibilización por parte de quienes lo siguen. Y aquí "seguir" es la palabra clave, como lo anotaba nuestro lector en su comentario anterior. Esto quiere decir que no debemos meternos de cabeza en el proceso, sino acomodar y aceptar muchos de sus delineamientos, teniendo en cuenta siempre las habilidades del equipo del proyecto, el tiempo de entrega y los recursos (no es lo mismo "RUPizar" con herramientas sofisticadas y complejas, que hacerlo prácticamente con lápiz y papel, como ocurre en muchos lados a nuestro alrededor.)

Por ejemplo, es posible tener en un mismo documento (o Artefacto), La Visión del Sistema, la Especificación de Requisitos y la Especificación Suplementaria, y no en tres documentos separados como propone el proceso. Esto ahorra tiempo, esfuerzo y proporciona un mayor entendimiento del sistema en construcción: la idea es hacer encajar las partes comunes y no comunes de cada uno de esos elementos en uno solo de ellos. Es una propuesta, funciona bien, en proyectos pequeños y medianos, los que hacemos con la llegada de las lluvias.

Sobre Mecanismos de Análisis, Diseño e Implementación

Luego pasamos al tema de las preguntas, inquietudes razonables, a las que traté de dar respuesta desde mi punto de vista y soportado en mi experiencia. Aquí la primera:

¿Los Mecanismos de Análisis, Diseño e Implementación deben quedar en un artefacto o documento en la fase de Elaboración, necesariamente? ¿O se pueden entregar en la fase de Construcción? Y ¿cuál sería la importancia de tenerlos en la fase de Elaboración?

Trataré de definir en palabras simples qué es esto de los Mecanismos de Análisis, Diseño e Implementación. Un mecanismo de análisis representa un patrón que constituye una solución común a un problema común. Afortunadamente para nosotros, en ingeniería de software ya existen muchos problemas documentados, y con la aparición de cada nueva plataforma o tecnología, se documenta la forma de solucionar esos problemas habituales. Puedo citar algunos ejemplos prácticos: Manejo de Errores o Fallas del Sistema, Sincronización de Procesos y Acceso a Datos. En general, los mecanismos de análisis nos permiten concentrarnos en el análisis de los requisitos funcionales, el problema propiamente dicho, y no sumergirnos en ciertas complejidades que nos pueden conducir a la llamada "parálisis del análisis", muy temida por todos.

Entre tanto, un Mecanismo de Diseño es un refinamiento de un mecanismo de análisis correspondiente. Un mecanismo de diseño agrega detalles concretos al mecanismo de análisis conceptual, pero llega hasta justo antes de proponer una técnica particular de implementación. Tanto los mecanismos de diseño, como los de análisis pueden instanciar uno o más patrones, en este caso, patrones arquitectónicos o de diseño.

De manera similar, un Mecanismo de Implementación es un

---

refinamiento de un mecanismo de diseño correspondiente, usando ya una plataforma o lenguaje de programación específicos. Por ejemplo, para cada uno de los problemas que mencioné arriba ya existen soluciones en una plataforma como Microsoft.Net (y supongo que en J2EE también existirán). De los siguientes enlaces pueden bajar la solución a esos problemas, cuando se trata de usar tecnología Microsoft:

- Manejo de Errores o Fallas del Sistema

- Sincronización de Procesos

- Acceso a Datos

- Y aquí pueden bajar otras soluciones comunes.

Y para responder la duda citada, los mecanismos de Análisis, Diseño e Implementación hacen parte de lo que yo llamo "documentación interna". Efectivamente, pueden hacer parte, por ejemplo, del documento de arquitectura, en cuyo caso lo extenderían y lo harían más complejo, innecesariamente. Lo que sí debe quedar en este documento son las relaciones o el mapeo de los mecanismos de análisis con los mecanismos de diseño con los mecanismos de implementación. Estos, a su vez, sí pueden quedar en el documento de Guías de Diseño, que también es responsabilidad del Arquitecto y que hace parte del Modelo de Diseño. En cualquier caso, estos mecanismos siguen siendo un asunto "peliagudo" (no sé si entiendan el término –"complicado"), son temas algo abstractos y muchas veces prefiero evitarlos, al menos, presentarlos al cliente (aun al representante del área de tecnología), pues siempre sigo la premisa de que "modelamos para entender el sistema que luego vamos a construir".

Ahora bien, estos mecanismos, muy tarde, deben estar para el refinamiento de la arquitectura, hacia el final de fase de Elaboración. La idea es que haya suficiente claridad al momento de enfrentar el gran grueso de Construcción y que las soluciones comunes estén quizás ya implementadas. Reusabilidad ante todo. Además de esto, son importantes en Elaboración porque son un indicador de que conocemos muy bien el sistema, su arquitectura, la forma como se va a construir e implantar y porque, precisamente, tenemos desde el inicio de la construcción un conjunto de soluciones preestablecidas.

Sobre el Modelo de Dominio

¿El Modelo de Dominio es indispensable como insumo del documento de arquitectura? Es decir, ¿lo necesito como insumo para validar la vista Lógica?

De acuerdo al Proceso Unificado, un modelo de dominio es un modelo de objetos del negocio que se enfoca en "el producto, entregables o eventos que son importantes para el dominio del negocio." Un modelo de dominio es un modelo del negocio "incompleto", en tanto omite las responsabilidades de los individuos. El modelo de dominio típicamente muestra las entidades mayores del negocio, sus responsabilidades funcionales y las relaciones entre esas entidades.

Sin duda, el modelo de dominio es útil para validar la vista lógica de la arquitectura, pero no solo para eso, de hecho, es la base de dicha vista, creo que sin el modelo de dominio no podremos obtener la vista lógica completa y realmente tampoco estaríamos en capacidad de avanzar mucho, porque no tener el modelo de dominio indica que todavía no conocemos lo suficiente el sistema. Sin embargo, en la práctica, el modelo de dominio evoluciona hasta la fase de Construcción, cuando todavía desarrollamos casos de uso que no se trataron en Elaboración.

Sobre Casos de Uso Significativos

¿Cuántos casos de uso sería aconsejable desarrollar en la fase de Elaboración para definir la línea base de arquitectura?

¿Cuántos casos de uso? Muchos. Depende del número total de ellos. La última palabra sobre este tema no está dicha ni aceptada, pero podríamos estar hablando de más del 60% de los casos de uso, al terminar la fase de Elaboración. Los que sí deben estar terminados son los casos de uso significativos para la arquitectura, aquellos que tienen mayor impacto sobre la misma.

Con una docena de casos de uso seleccionados como arquitectónicamente significativos de más de mil casos de uso identificados hasta el momento (final de la fase de Elaboración), puedo decir que mi arquitectura es estable? Estos casos de uso arquitectónicamente significativos se escogieron teniendo en cuenta el riesgo tecnológico que representaban para su implementación desde el punto de vista técnico.

Una docena de casos de uso me parece un número muy pequeño comparado con más de mil de ellos. Desde el exterior, y desde mi perspectiva, no creo que podamos hablar de una arquitectura estable. Si seguimos los delineamientos de elaboración de casos de uso, por lo menos, deberíamos tener un centenar o más de ellos arquitectónicamente significativos. Ahora bien, mil casos de uso es un número muy grande para un sistema, yo diría que exageradamente grande, dado que los casos de uso son el medio a través del cual los usuarios (aunque no siempre es así) se comunican con el sistema. Estamos hablando entonces de que el sistema en construcción tiene más de mil maneras de acceder a él. Lo veo complejo desde aquí. Recordemos además que un caso de uso puede tener más de un escenario o secuencia alternativa, con lo que estaríamos hablando tal vez de miles de escenarios. Mucho, pienso yo.

¿Se debieron escoger Casos de Uso Arquitectónicamente significativos desde el punto de vista de los usuarios o interesados y que representen la funcionalidad de negocio? De no tenerse en cuenta estos casos de uso, ¿qué riesgo presenta la definición de la línea base de arquitectura?

Sí, se debieron (se deben) escoger. Pero con mucho cuidado. Algunas veces los usuarios piensan que un caso de uso (una funcionalidad es compleja o significativa) porque simplemente hacen uso de miles o millones de registros en muy poco tiempo y resulta que quizás para nosotros el asunto se resuelve con un algoritmo implementado en un procedimiento almacenado, para lo que se supone somos expertos.

Si el usuario nos dice, por el contrario, que sin importar el sitio de origen, la transacción debe llegar al servidor central y responder al usuario en menos de cinco segundos, así la transacción sea traer unos datos básicos de un cliente dada su cédula, usando los canales existentes en la compañía, entonces sí que debemos preocuparnos. Y como este hay muchos casos que se deben tener en cuenta a la hora de seleccionar los "significativamente arquitectónicos".

Sobre La Vista Lógica

¿La vista Lógica me debe mostrar el Core de mi negocio? ¿O qué esperaría ver en ella?

El "core" del negocio debe reflejarse de alguna forma en la vista lógica si el sistema Es para el "core" del negocio, de lo contrario no. En cualquier caso, la vista lógica muestra paquetes de alto nivel, subsistemas, clases y las realizaciones de casos de uso. Observemos que si el sistema es "core", las clases del dominio reflejan precisamente el negocio.

Conclusiones

Y bueno, como recomendación adicional, les sugiero que traten de "platanizar" RUP, como dicen algunos de mis colegas, adoptarlo, sí, pero adaptarlo a nuestros recursos, a nuestras habilidades, a nuestro entorno, donde no tenemos el tiempo ni el presupuesto de los grandes proyectos de otros lados. Quizás combinarlo con prácticas ágiles y obtener una "metodología" acorde al medio.

Desarrollo de Software por Iteraciones

Introducción

Una de las prácticas que más inquieta a los productores de software, una de las llamadas Mejores Prácticas, es esta de las Iteraciones en un proyecto. Una Iteración, para empezar, puede ser vista como un mini-proyecto, sin que el prefijo "mini" quiera decir que el proyecto está inconcluso o es de mala calidad, No. De hecho, esta práctica ha demostrado que el producto final es de mejor calidad que el elaborado mediante metodologías tradicionales como Cascada.

Formalmente, una Iteración abarca el desarrollo de actividades que conducen a la liberación de un producto –una versión ejecutable y estable de un producto, junto con cualquier otro elemento periférico necesario para usar esta versión, como la documentación respectiva, para citar un caso. Desde este punto de vista, en una Iteración se hace un paso completo por todas las etapas del desarrollo de software, desde el análisis de requisitos, hasta la programación y, quizás, puesta en producción, pasando por análisis y diseño, pruebas y control de cambios. Si se quiere es como un proyecto pequeño realizado "en cascada".

Pero alrededor del concepto de las Iteraciones hay involucrados muchos aspectos de relevancia: ¿cuántas iteraciones tiene un proyecto? ¿Cuánto tarda una iteración? ¿Todas las iteraciones tardan lo mismo? ¿Qué es la Liberación de un producto? ¿Cómo se seleccionan los requisitos a implementar en una iteración? Y muchas otras.

Beneficios

Antes de tratar algunas de esas cuestiones, insistiré en los motivos por los cuales debemos iterar:

- Puesto que una iteración es un proyecto pequeño completo, hay un mejor control de los recursos, el talento humano asignado al proyecto, la calidad del producto implantado y los cambios en requisitos que se puedan producir durante el tiempo total del proyecto.

- Disminución en los riesgos de un proyecto. Hablo de riesgos tecnológicos, de riesgos administrativos y hasta del entorno. Por ejemplo, es posible que para implementar un requisito, o un conjunto de ellos, un equipo seleccione las herramientas y/o la técnica y/o la plataforma equivocada. Y de esto no se dan cuenta hasta que el producto (la versión a liberar en esa iteración) no está listo o casi listo. Por ejemplo, los tiempos de respuesta no son adecuados, la seguridad de los datos no se puede garantizar, el manejo de concurrencia no es aceptable, entre muchos otros aspectos. En un proyecto tradicional, estos hechos solo se ven al final del mismo, cuando ya no hay tiempo de hacer correcciones, de buscar alternativas, cuando se perdió la oportunidad (el costo de oportunidad), etc. Sin embargo, en un proyecto iterativo, muy probablemente todavía habrá tiempo (¡luego de buscar a los culpables y de elogiar a los no participantes!) de hacer algo. ¿Cómo qué? Se define otra iteración, con otra técnica, con otras herramientas, con otra plataforma, lo que sea necesario, para asegurar que esta vez el requisito sí va a ser bien implantado.

- Las iteraciones relajan los nervios. Hablo de las expectativas que tienen los usuarios, los patrocinadores (llamados en lenguaje metodológico interesados), los desarrolladores; hablo también del producto que se libera o entrega en cada iteración. Cuando aquellos ven este, verifican la funcionalidad (los casos de uso), la calidad (desempeño, seguridad, estándares, entre otros), se forjan nuevas ideas de lo que ha sido, es y será el producto final (por supuesto están los "yaques" – ya que hiciste el cálculo de la retención en la fuente, ¿por qué no generas un informe que se envíe por Mail en formato Excel al gobierno?) En mi caso, validan la capacidad (de respuesta) del proveedor, comprueban que obtuvieron lo que compraron y los usuarios comienzan a hablar de las siguientes fases del proyecto, sin haber terminado esta. Recuerden, se terminó una iteración, no el proyecto. En cualquier instancia, los usuarios, sobre todo, no tienen que esperar meses o años para ver su producto, preguntándose todo el tiempo si estos chicos de Sistemas van a entregar y cuándo y que será lo que están haciendo y si habrán entendido lo que querían decir.

- Hay otros beneficios técnicos, como que la reusabilidad se facilita y se mejora. Esto es claro, porque una vez terminado un producto, o parte de este, sus componentes ya están ampliamente probados y documentados y se podrán usar en las iteraciones sucesivas donde seguramente serán sometidos a incrementos graduales. También se puede aprender en el camino: me refiero a que los desarrolladores pueden no solo aprender de sus errores pasados, sino de las nuevas técnicas a utilizar durante la iteración; también, las competencias y especialidades que se necesitan para una iteración específica son mejor utilizadas, es decir, es posible emplear desarrolladores diferentes en cada una de las iteraciones del proyecto.

Cómo Iterar

Ahora sí, trataré de resolver algunos de los temas que planteé antes.

Ya sabemos que el desarrollo de un proyecto debe hacerse teniendo como punto de partida y como conductor los casos de uso. Una vez que hayamos elaborado el documento de Especificación de Requisitos (Funcionales y No Funcionales), se escriben las descripciones de todos los casos de uso del sistema (hablo de Nombre del Caso de Uso, Actor, Descripción General y cualquier otra información que se tenga al momento de elaborar las Especificaciones.)

Con esta lista, procedemos a "calificar" los casos de uso. Esta calificación la hacemos de acuerdo al grado de importancia y de criticidad, en cuanto a riesgo de implementación se refiere, de cada caso de uso.

Respecto a su importancia, un caso de uso, como veremos en un artículo próximo sobre el tema, puede clasificarse en: Requerido, Importante o Adicional. Los primeros son aquellos sin los cuales el sistema no puede funcionar. Los casos de uso Importantes son aquellos sin los cuales el sistema puede funcionar, al menos, durante algún tiempo, pero que debemos implementar tan pronto como sea posible. Mientras tanto, los casos de uso Adicionales son aquellos no obligatorios para el sistema (los "yaques" que mencionaba antes), los Buenos, Bonitos y Baratos, como decimos popularmente. Por supuesto, la implementación de estos últimos debe hacerse siguiendo los mismos delineamientos metodológicos y técnicos que los demás; el que sean Adicionales, no los hace de menos calidad o incompletos o no sujetos al mismo proceso de pruebas que los otros.

En relación a su Criticidad, los casos de uso se califican de 1 a 5, por ejemplo, donde 1 es de menor riesgo, 3 es de riesgo aceptable y 5 es de riesgo muy alto. Este riesgo se refiere a la implementación del caso de uso y se debe medir a la luz de varios criterios:

- Conocimiento del tema (del negocio) por parte de los usuarios y de los desarrolladores. Hay usuarios que desconocen parte de lo que quieren resolver a través de un sistema (porque la legislación o las políticas son nuevas, o porque son nuevos en la compañía, etc.) También hay desarrolladores que creyeron entender algo del usuario pero no fue así, sobre todo los noveles que, al momento de una entrevista con el usuario, están pendientes de cómo resolver el problema y no de escuchar y comprender todo lo que les quisieron decir.

- Habilidad y/o experiencia de los desarrolladores en el uso de la plataforma, herramientas y técnicas utilizadas para llevar a cabo la implementación. Qué se requieren Web Services, que la plataforma .Net, que XML, que UML, que C# (léase C Sharp), que J2EE, que…, en fin, un gran universo de siglas de las que les hablaré en otra ocasión. En todo caso, estos son apenas los medios, algo en lo que se supone somos especialistas, sin embargo, algunas veces no es así. Visto así, un caso de uso que en la práctica es fácil de programar, podría tener un alto riesgo de implementación debido a la poca experiencia del programador.

- Y otras como Tiempo de Desarrollo, Número de Analistas y de Programadores, calidad de los requisitos en cuanto a su precisión, compromiso del personal externo necesario para llevar a cabo una implantación (que la gente de Seguridad, que la gente de Calidad, que la gente de Capacitación).

Ya con los casos de uso, listados y clasificados, con el tiempo límite del proyecto en mente, con el número de desarrolladores establecido, podemos hacer un Plan de Iteraciones. Este es un conjunto de actividades y tareas secuenciadas en el tiempo, con talento humano asignado y con el conocimiento de las dependencias entre tareas, para cada iteración; un plan bien detallado. Normalmente, siempre hay dos planes activos: uno para la iteración actual y uno en construcción para la siguiente iteración. El plan incluye actividades de Análisis de Requisitos, Análisis y Diseño, Programación, Pruebas y Afinación, y Puesta en Marcha; también, control de cambios, documentación y capacitación.

Las primeras iteraciones deben planearse para implementar los casos de uso Requeridos y de Criticidad Máxima (5). Les dejo una inquietud: ¿existen sistemas que no tengan casos de uso de criticidad 5?

¿Cuántos casos de uso por iteración? Depende del número total de casos de uso y del número de casos de uso Requeridos y Más Críticos, y además del número de desarrolladores dispuestos para la implementación. Una iteración podría implementar solo un par de casos de uso, o 10 de ellos, o quizás 20 o más. En el artículo de casos de uso exploraré más este tema.

El tiempo, la duración, de las iteraciones es otro factor importante. No está dicha la última palabra a este respecto. En un proyecto pequeño (de pocos meses —dos o tres, quizás), con pocos desarrolladores (dos o tres tal vez—o hasta uno), iteraciones de dos semanas son aceptables. En un proyecto mediano (seis meses, hasta cinco desarrolladores),

---

iteraciones de tres o cuatro semanas son bienvenidas. En un proyecto grande (más de seis meses, más de seis desarrolladores), iteraciones de hasta seis semanas son bien vistas.

Debo anotar que esta clasificación del tamaño de los proyectos de acuerdo a la duración y al número de desarrolladores es un poco arbitraria, soportada en la trayectoria de quien les escribe y de algunos colegas con quienes he discutido el tema. Hablo de nuestro medio. La literatura que nos llega de otras latitudes se refiere a algo totalmente distinto, donde un proyecto pequeño tarda un año y tiene 10 desarrolladores, por ejemplo.

En mi columna anterior decía que una iteración no debería tardar más de un mes. Este asunto de las iteraciones de mes y medio que menciono arriba también es viable si se tiene un buen control del proyecto. Recuerden que este es uno de los grandes beneficios del desarrollo iterativo, el control del proyecto, obtención rápida de resultados, mitigación de riesgos.

Ahora bien, aunque es bueno que todas las iteraciones tarden lo mismo, en la práctica es posible que esto no se dé. Hay iteraciones que por su simplicidad pueden tardar dos semanas, otras pueden tardar cuatro. Lo importante es que los recursos estén disponibles al momento de iniciar cada iteración y se tenga claridad sobre los requisitos que se van a implementar.

Sobre Versiones y Entregas

La Liberación de un producto puede ser Interna o Externa. Es Interna cuando solo será usada por el grupo de desarrolladores durante la ejecución de otras iteraciones en las que se completará un producto propiamente dicho. Y es Externa cuando se trata de un producto de software completo, funcional, que se puede poner en producción.

Ambos tipos de entrega van acompañados de pruebas y afinación, documentación, capacitación y todos los artefactos necesarios para que el proyecto pueda seguir su marcha. Si es un entregable externo, debe tratarse como el mismísimo producto final.

También, las dos especies de producto están sujetas a versionamiento. Sea un componente, la base de datos o una porción de la misma, un grupo de páginas ASP.NET o el producto de software en su completitud, incluyendo los documentos asociados, siempre debemos conocer su versión. Les recomiendo un versionamiento simple: Versión Mayor y Versión Menor; por ejemplo: 1.1, 2.5, 4.0. Creo que no es necesario utilizar las convenciones de las grandes casas productoras (que 8.04.003.185 Build 4321 o cosas así.)

Lo que sí deberíamos incluir, cuando sea del caso, son las Revisiones. Estas son pequeñas modificaciones o ajustes que quizás exigieron compilar y empaquetar de nuevo el software, pero nada más: la documentación es la misma, la funcionalidad no cambió, el impacto no se notó. Las cosas así, podríamos tener una versión 2.5 revisión 3 o una versión 4.0 revisión 2. Por supuesto, el número de revisiones es pequeño (máximo 5). De hecho, un conjunto de revisiones pequeñas quizás dan pie a una nueva versión menor (de la 2.5 a la 2.6).

Conclusión

Las Iteraciones constituyen una técnica apropiada, una mejor práctica, para la construcción de software. Se requieren nuevas habilidades en el manejo de proyectos, coordinación de equipos, documentación de software, desarrollos en tiempos más pequeños pero más especializados, equipos multidisciplinarios y compromiso de parte de todos los involucrados en el proyecto. Pero funciona, sin duda, en cualquier tipo de proyecto, con cualquier número de desarrolladores, sea cual fuere su complejidad.

Los invito entonces a que pongan en práctica este nuevo "arte" de Iterar, sin importar si usan o no una metodología estricta como RUP o una ágil. Seguramente, muy pronto verán los beneficios.

Las Seis Mejores Prácticas

En cuatro de las cinco últimas columnas he hablado de una u otra forma sobre modelado de software, en particular, y sobre desarrollo de aplicaciones, en general. En "El Papel del Modelado en la Transformación de los Requisitos en Software", por ejemplo, decía que debemos elaborar modelos simples, a partir de cada porción significativa de requerimientos del software.

En "¿Qué Diagramas Usar?", expresé mi opinión de que todas las técnicas y elementos en un proceso como RUP tienen múltiples propósitos y que realmente, no hay una "forma corta", de decidir lo que es apropiado en cada situación (de modelado). Y en "El Imperio de las Metodologías" decía que era práctico dividir un proyecto en pequeñas piezas o mini-proyectos, donde cada mini-proyecto es una iteración.

Estas y otras ideas al respecto son la base de esta nueva entrega, sobre lo que debemos y no debemos hacer al emprender un proyecto de desarrollo de software, en especial sobre lo que sí debemos hacer, las prácticas que quienes nos enfrentamos día a día al reto de construir software de alta calidad consideramos como mejores, como soporte para el éxito anunciado en los proyectos.

Combinadas unas con otras y orientadas a la raíz de los problemas cotidianos de la construcción de software, estas prácticas permiten desarrollar y mantener aplicaciones en forma repetible y predecible. Ellas son:

1. Modelar Visualmente

2. Manejar Requisitos

3. Verificar la Calidad Continuamente

4. Usar Arquitecturas Basadas en Componentes

5. Desarrollar por Iteraciones

6. Controlar los Cambios

1. Modelar Visualmente

Para Modelar Visualmente, es necesario usar un lenguaje de diseño con una semántica extendida que permita mejorar la comunicación en el equipo de trabajo que elabora y revisa el diseño de la aplicación. Además de los textos gramaticales, el lenguaje debe proporcionar una sintaxis gráfica predominante y rigurosa con la cual expresemos las decisiones tomadas que luego servirán como base para la implementación del sistema. De esta forma, podremos entender mejor el sistema en construcción y razonar acerca de el con precisión. Hablo, por supuesto, de aplicaciones multi-desarrollador, aquellas en las cuales se invierte una cantidad considerable de talento humano, de tiempo y, claro, de recursos.

El Lenguaje de Modelado Unificado – UML – cumple con estas características. En resumen, el modelado visual es un requisito porque muestra la esencia del sistema desde una perspectiva particular y oculta los detalles no esenciales. Los modelos, en general, pueden ayudar a:

- Entender sistemas complejos

- Explorar y comparar alternativas de diseño

- Formar una base sólida para la implementación

- Capturar los requisitos con precisión

- Comunicar decisiones inequívocamente

2. Manejar Requisitos

El Proceso Unificado define el Manejo de Requisitos como un enfoque sistemático para encontrar, documentar, organizar y hacer seguimiento a los cambios de los requisitos de un sistema.

En este punto sería interesante que hicieran el siguiente ejercicio que les propongo: Definir que es un "requisito", un requisito de software, ciertamente. No se imaginan ustedes las sorpresas que me he llevado cuando le digo a los asistentes a mis cursos y conferencias que hagan esa tarea, al parecer, simple para muchos. Pues bien, desde el punto de vista de RUP, un requisito es una "condición o capacidad que el sistema debe cumplir o tener".

Mientras escribo esta columna, John Alexander López prepara un artículo introductorio sobre manejo de requisitos de software. Esperemos a ver lo que tiene que decirnos al respecto. Lo que sí quiero dejar claro desde ya es que la recolección de requisitos puede sonar como una tarea simple y, sin embargo, puede causar estragos significativos en un proyecto porque los requisitos:

- no siempre son obvios y pueden venir de muchas fuentes

- no siempre son fácilmente expresables en palabras

- son de muchos tipos y de distintos niveles de detalle

- si no son controlados desde el comienzo del proyecto, su número puede crecer hasta límites inmanejables

- están sujetos a cambios "sin previo aviso"

    Ahora bien, para manejar requisitos exitosamente, se requiere:

- Analizar el problema

- Entender las necesidades tanto de los patrocinadores del proyecto, como de los usuarios y demás responsables del mismo

- Definir el sistema

- Manejar el alcance del proyecto

- Refinar la definición del sistema

- Manejar los cambios

Cada una de estas actividades requiere de talento y, evidentemente, de tiempo y recursos compartidos en el equipo de desarrollo. En las próximas entregas les hablaré más del asunto.

3. Verificar Calidad Continuamente

Una vez me dijeron acerca de la Calidad: "yo no sé cómo describirla, pero soy capaz de reconocerla cuando la veo". Les dejo una vez más la tarea de definir lo que es Calidad, concretamente, Calidad de Software.

Lo que sí quiero ilustrar en esta columna es que se debe evaluar la calidad de todos los artefactos en distintos puntos del ciclo de vida del proyecto, a medida que este crece. Estos artefactos deben ser validados al término de cada actividad o etapa que los produce (más adelante les hablaré de Iteraciones y de los resultados que se esperan en cada una de ellas). Específicamente, a medida que se producen componentes ejecutables del sistema, estos se deben someter a un proceso de pruebas que abarque los distintos escenarios para los cuales fueron construidos (todos los escenarios, hasta aquel que solo va a acontecer una vez en la vida útil del sistema y quizás hasta el que nunca va a suceder pero que es posible que ocurra).

Este proceso de pruebas conduce a la depuración del sistema y a la eliminación de los defectos arquitectónicos de la aplicación.

4. Usar Arquitecturas Basadas en Componentes

En ocasiones pienso acerca de cada ser humano como un imperio y acerca de la humanidad como una *summa* de imperios. Y una característica común a todos los imperios es que poseen tecnología y estrategias de guerra superiores a las de los conquistados, entre las que se encuentra la famosa "divide y vencerás", utilizada por Julio César o Hernán Cortés y adoptada hoy como herramienta guerrera por las compañías multinacionales simplemente porque los imperios buscan el control puro y escueto de los conquistados.

Esta analogía me sirve para mostrarles que siempre hay que tener control (nosotros, el imperio) sobre lo que hacemos (soluciones de software). La estrategia de Julio César o Cortés se ha aplicado desde siempre en el desarrollo de software y se seguirá aplicando sin importar la metodología, el proceso, los avances tecnológicos o la cantidad y calidad de talento humano utilizado para crear un producto.

Y cuando dividimos ese producto en piezas más pequeñas, controlables, ajustables, intercambiables, lo que nos queda son grupos cohesivos de código, fuente o ejecutable, con interfaces y comportamiento bien definidos que proporcionan un fuerte encapsulamiento de su contenido. Estos grupos forman la arquitectura basada en componentes de nuestro sistema. Una arquitectura así tiende a reducir el tamaño y la complejidad de la solución y, por supuesto, es más robusta y resistente.

Hoy, las plataformas .Net o J2EE suministran las referencias arquitectónicas que necesitamos para diseñar y construir soluciones basadas en componentes. Como antes, ya se encuentra en preparación un artículo sobre la plataforma .Net que será publicado en el sitio Web de la Asociación.

5. Desarrollar por Iteraciones

Pero la arquitectura y el producto no es lo único que dividimos al ejecutar un proyecto. El mismo proyecto está sujeto a un fraccionamiento que ha mostrado ser muy efectivo.

La división de un proyecto en grupos continuos de proyectos más pequeños, sujetos a incesante revisión, dinámicos y evaluables, hace posible que tengamos completo control de todo el proyecto.

En El Proceso Unificado - Episodio IV, de hace un mes, expuse las razones por las cuales deberíamos adoptar esta práctica sin reparos. Antes de que volvamos a leerla, quisiera dejarlos con estas tres leyes que escribí hace pocos meses, luego de una discusión amena sobre manejo de proyectos:

- Todo proyecto de menos de dos semanas, tarda dos semanas

- Todo proyecto de entre dos semanas y un mes, tarda un mes

- No hay tal cosa como un proyecto que tarde más de un mes

Por supuesto, me refería a las iteraciones, que realmente pueden tardar más tiempo, algunos dicen que entre tres y nueve semanas, otros que entre dos y seis semanas. Bueno, esa fue mi conclusión, quince años de experiencia la soportan.

La última de estas tres leyes también se puede leer así:

- Todo proyecto que tarde más de un mes nunca termina

Y el que esté libre de culpa que lance la primera piedra.

6. Controlar los Cambios

Ya les dije antes que los requisitos de un sistema están sujetos a cambios "sin previo aviso", sobre todo en proyectos a mediano y largo plazo. Pero primero lo primero, aclaración # 1: me refiero aquí a los cambios que sufren los requisitos luego de haber sido aprobados por los usuarios y de que posiblemente hayan sido implementados en alguna iteración, concluida o en ejecución, del proyecto.

Los desarrolladores noveles son muy dados a engancharse en una carrera contra el tiempo, contra los recursos, contra el contrato, contra el producto, cuando de llevar a cabo una modificación se trata. Y permítanme decirles, damas y caballeros, que antes de hacerlo es necesario estudiar en detalle el impacto que un cambio tendrá sobre todo nuestro sistema.

Un cambio en un requisito puede causar una dispersión de proporciones descomunales en un producto de software si no es definido claramente, evaluado y puesto a consideración de todo el equipo del proyecto. Por supuesto, el desarrollo iterativo y los componentes ayudan a mitigar los efectos ocasionados por los cambios en los requisitos y a que la implantación de estos se haga acorde a un plan establecido de manejo de cambios que no perturbe la ejecución del proyecto.

En el Final

Bueno, es realmente el final de una presentación efímera sobre estas prácticas. Como siempre, sostengo que los problemas más serios que he encontrado en los proyectos son de talento humano, en este caso, de comunicación entre quienes intervienen en un proyecto.

La conclusión es que cada una de estas prácticas debe tener una buena

---

comunicación como prerrequisito. Sin una buena comunicación, todas fallarán al tratar de alcanzar su objetivo, todos fracasaremos sin duda, y seguramente recibiremos una dosis adictiva de apremio para caer en los métodos tradicionales de cascada donde la comunicación real es substituida por montones de documentos que no contribuyen mucho a producir valor para nuestros usuarios.

¿Ustedes qué creen? Compartan sus opiniones conmigo y con todos en AAII sobre este y otros temas. Pueden escribirme a lucho.salazar@gmail.com.

El Proceso Unificado de IBM Rational - "La Guerra de las Metodologías"

La presentación de RUP que hice en el artículo **El Proceso Unificado de IBM Rational - "El Imperio de las Metodologías"** suscitó algunos interrogantes. Un amigo, por ejemplo, quiere empezar "desde cero" y comprar una metodología para usar. Mi breve exposición lo inquietó pero y…, siempre hay un pero, la competencia, cuáles están en la lista de posibilidades. Desde mi punto de vista, le dije, una metodología debería, por lo menos, definir roles y responsabilidades específicas, con actividades o procedimientos detallados para cada uno, así como alguna clase de ciclo de vida completo del desarrollo de software y un conjunto de artefactos o entregables con algún tipo de resumen o de plantilla para cada uno de ellos. Por supuesto, debe ser algo aceptado más o menos universalmente y no debe ser solo un cúmulo de ideas de alguien (el metodólogo) en un libro. He aquí algunos iniciadores:

RUP (Contendor Obvio, El Imperio.

http://www-136.ibm.com/developerworks/rational/products/rup)

CMMi (No es realmente una metodología, ¿o sí? Parece ser más bien un conjunto de medidas. Todos los detalles en http://www.sei.cmu.edu/cmmi/.

XP ¿Dónde está la definición "real"? Está aquí:

http://www.extremeprogramming.org/.

MSF
http://www.microsoft.com/technet/treeview/default.asp?url=/tec

---

hnet/itsolutions/tandp/innsol/msfrl/msfovrvw.asp)

Cascada (¿dónde está la mejor y más acordada versión? ¿Vale la pena volver al pasado? Miren este: http://www.idinews.com/waterfall.html)

PMBOK (del PMI – *Project Management Institute* –Esta no es específica, no proporciona una guía determinada, al desarrollo del software sino más general –es más bien una metodología de manejo de proyectos. El sitio Web oficial es:

http://www.pmi.org/info/default.asp.

ITIL (pero parece más algo sobre servicios que sobre desarrollo de software, http://www.ogc.gov.uk/index.asp?id=2261)

Con esta lista cualquiera pierde el entusiasmo. Pero hay más, un vistazo más detallado al vasto universo metodológico nos obliga a situarnos en un extremo de la Galaxia y a mirar con el Telescopio Espacial *Hubble* (bueno, si lo arreglan) un poco más allá de nuestras narices. Y así, nuestra lista creció:

Scrum (http://www.controlchaos.com/). Hay que leer y el libro de Alistair Cockburn sobre metodologías ágiles, Agile Software Development, es un muy buen comienzo. Todos los pormenores en http://members.aol.com/acockburn/. Este libro provee guías para seleccionar una metodología, basado en criterios diversos (criticidad del sistema, tamaño del equipo, tamaño del proyecto, entre otros).

Shlaer/Mellor, una de mis favoritas hasta hace unos años, pero que está totalmente renovada. Su casa está en http://www.projtech.com/. Allí encontrarán XTUML, un proceso de desarrollo dirigido por el modelo basado en UML. Los modelos que produce XTUML son ejecutados y probados en las primeras fases del ciclo de vida del software y son traducidos para generar código optimizado de alta calidad.

Iconix (http://www.iconixsw.com/) de Doug Rosenberg, de la cual he aplicado muchos conceptos últimamente. Esta metodología ágil facilita elementos que nos llevan de la mano desde el análisis de requerimientos hasta la producción de código fuente, la recomiendo ampliamente.

Crystal, http://www.crystalmethodologies.org, de Highsmith y Cockburn a quien ya había mencionado, quienes nos presentan una ceremonia de acuerdo al número de personas y a la "criticidad" del software a construir.

EUP –Enterprise Unified Process – ¿qué tal esta variante (extensión) del Proceso Unificado de Scott Ambler y compañía? La encuentran en http://www.enterpriseunifiedprocess.info/. El señor Ambler siempre tiene algo interesante que decir y es uno de los mayores colaboradores en la comunidad metodológica IT.

Agile Data, un método que describe filosofías de cómo los profesionales de los datos, los profesionales de la empresa y los desarrolladores pueden trabajar juntos de una forma ágil. La Web es http://www.agiledata.org/.

Agile Modeling o AM, sin duda, una de las más efectivas en cuanto a modelado y documentación, no es un proceso completo pero trabaja muy bien con RUP y decidimos escogerla. La encontramos en http://www.agilemodeling.com/, donde otra vez Scott Ambler nos entrega una gran cantidad de información con la cual iniciar nuestro trabajo. A propósito, en su columna Ad Aperturam Libris, John Alexander nos extiende este tema de *Agile Modeling* así que pasen por allá y me cuentan que les parece.

Y la lista podría ser interminable. Finalmente sería como saltar de estrella en estrella, a través de una inmensa galaxia de posibilidades. Sin embargo, debemos recordar siempre que la gente es más importante que el proceso, pero este es extremadamente útil para tener éxito en la ejecución de un proyecto. Aun una metodología "liviana" como XP demanda una adherencia estricta a sus principios y prácticas, contrario a lo que sucede con RUP que es más flexible.

Un proceso no es una narrativa; no es una vieja guerra metodológica modernista, Cristianos Vs. Freudianos, por ejemplo, pero sí es un *thriller* post-moderno. Si uno prefiere, significa ser muy exigente, pero también ambicioso. Uno de los maestros del oficio, a quien ya me he referido, Alistair Cockburn, dice que nosotros deberíamos tomar lo que queramos de las metodologías establecidas, probarlo, sumar nuestras ideas y usar todo para que nos ayude en nuestro propio "contexto específico". Y yo agrego: es un asunto de adoptar y adaptar la experiencia de otros al medio, a lo que el mercado local nos permite, es un asunto de economía también, RUP, por ejemplo, es dinámico, pero exigente en cuanto a personal y recursos.

Y aquí estamos de nuevo, ante las puertas de un universo ignoto, pletórico de posibilidades y riesgos, pero interesante y, sobre todo, útil.

El Proceso Unificado de IBM Rational - "El Imperio de las Metodologías"

Una de las grandes preocupaciones de los desarrolladores de software a todo nivel es utilizar y sacarle provecho a las metodologías de desarrollo de aplicaciones. Si bien es cierto que apenas estamos creando la cultura para usar cualquier metodología, para adoptar una de ellas y adaptarla a nuestras necesidades (tropicalizar), unas necesidades que muchas veces están por debajo de las expectativas de uso de metodologías formales que demandan tiempo y recursos adicionales que en repetidas ocasiones no tenemos, creo que es importante que empecemos la discusión de si realmente estamos requiriendo emplear una de tantas, conociendo los aspectos más básicos de la que es considerada hoy una "potencia" en cuanto a procesos se refiere.

He aquí algunos conceptos:

El Proceso Unificado® es una metodología proporcionada por IBM Rational® para desarrollar sistemas con gran cantidad de software basado en componentes. El Proceso Unificado usa UML para preparar todas las plantillas y modelos del software en construcción. De hecho, UML es parte integral del método, fueron desarrollados en paralelo.

Las principales características del método son:

1. Dirigido por casos de uso

2. Centrado en la arquitectura

3. Iterativo e incremental

Un caso de uso es una pieza de funcionalidad del sistema que captura requerimientos funcionales. Esto posibilita pensar en términos del valor del sistema para los usuarios y no solo en términos de las funciones que debería tener el sistema. Basado en los casos de uso, los desarrolladores crean una serie de modelos de diseño e implementación que comprendan todos los casos de uso. Los desarrolladores revisan cada modelo sucesivo para ver si concuerdan con el modelo de casos de uso. Los evaluadores prueban la implementación para asegurarse de que los componentes del modelo de implementación implementen correctamente los casos de uso. De esta forma, los casos de uso no solo inician el proceso de desarrollo sino que lo enlaza paso a paso. Dirigido por casos de uso significa que el proceso de desarrollo sigue un flujo que se deriva de ellos.

De otra parte, el concepto de la arquitectura del software envuelve los aspectos estáticos y dinámicos más significativos de un sistema, dejando los detalles del mismo a un lado. Ahora bien, cualquier sistema de software tiene funcionalidad y forma. Ninguno de los dos es suficiente por sí solo. En este caso la funcionalidad corresponde a los casos de uso y la forma a la arquitectura. Por un lado, los casos de uso deben acoplarse en la arquitectura. De otra parte, la arquitectura debe tener espacio para la implantación de todos los casos de uso, en el presente y en el futuro del sistema. En realidad, ambos deben evolucionar en paralelo.

Por último, es práctico dividir un proyecto en pequeñas piezas o mini-proyectos. Cada uno de ellos es una iteración que resulta en un incremento. Las iteraciones se refieren a pasos en el flujo de trabajo y los incrementos al crecimiento en el producto. Los desarrolladores basan la selección de lo que va a ser implementado en una iteración en dos factores. Primero, la iteración trata con un grupo de casos de uso que extienden la usabilidad de los productos desarrollados hasta ese punto. Segundo, la iteración trata con los riesgos más importantes. Las iteraciones sucesivas se construyen sobre los artefactos de desarrollo desde el estado en el que estaban al final de la iteración previa. Por supuesto, un incremento no necesariamente es aditivo. Especialmente en las fases tempranas del ciclo de vida, los desarrolladores pueden reemplazar un diseño superficial por uno más detallado o sofisticado.

En las fases posteriores los incrementos son típicamente aditivos.

Entre otros, estos son algunos beneficios de un proceso iterativo controlado:

- Reduce el riesgo del costo a los gastos de un solo incremento. Si los desarrolladores necesitan repetir la iteración, la organización pierde solo el esfuerzo de una iteración, no el valor del producto completo.

- Reduce el riesgo de no tener el producto en el tiempo planeado.

- Aumenta la velocidad del esfuerzo de desarrollo, esto es, la productividad, dado que los desarrolladores se enfrentan a objetivos pequeños y no a un objetivo mayor que puede causar letargos en el proyecto.

- Es adaptativo, o sea, es fácil de adaptar a cambios en los requerimientos.

El Proceso Unificado® se divide en cuatro fases: Concepción, Elaboración, Construcción y Transición. Cada una de estas fases se divide a su vez en un número dado de iteraciones y cada iteración consta de las etapas conocidas del ciclo de vida de un sistema: Modelamiento del Negocio, Estudio de Requerimientos, Análisis y Diseño, Implementación, Pruebas y Distribución. En este proceso, los entregables se proporcionan por iteraciones. En cada iteración se entrega: 1. un ejecutable que cumple los criterios de aceptación y 2. Documentación de las etapas que produjeron el ejecutable (Análisis, Diseño, Implementación, Pruebas).

Durante la fase de Concepción, se desarrolla una visión del producto final y se presenta el modelo del negocio para el producto. Esencialmente esta fase responde las siguientes preguntas:

1. ¿Qué va a hacer el sistema para cada uno de los grupos de usuarios?

2. ¿Cómo podría ser la arquitectura del sistema?

3. ¿Cuál es el plan y cuánto costará desarrollar el producto?

En particular, la etapa de Modelamiento del Negocio que hace parte de esta fase, busca describir tanto un modelo de las funciones pensadas para el sistema como las entidades que entregan esa funcionalidad, para comprender mejor los casos de uso del negocio, y cómo estas entidades interactúan. El propósito del modelamiento del negocio es doble:

- Entender la estructura y dinámica de la organización

- Asegurar que los clientes, los usuarios finales y los desarrolladores tienen un entendimiento común de la organización.

Durante la fase de Elaboración, la mayoría de los casos de uso del producto son especificados en detalle y se diseña la arquitectura del sistema. Al final de esta etapa, el Gerente del Proyecto está en una posición de planear las actividades y estimar los recursos requeridos para completar el proyecto.

Más adelante, en la fase de Construcción, se construye el producto. En esta fase se requieren la mayoría de los recursos, la arquitectura del sistema es estable pero se pueden discutir cambios menores a la misma. Al final de esta fase el producto contiene todos los casos de uso que la Gerencia y los usuarios del sistema acordaron desarrollar.

La fase de Transición, al final del proceso, cubre el periodo durante el cual el producto se mueve de las versiones de prueba, pasando por refinamientos sucesivos, hasta el producto final, este se instala, se capacita a los usuarios, el producto entra en un ciclo de mantenimiento y se da por terminado el proyecto.

Así comienza la historia. Saber que pasa antes y después de este capítulo será nuestra tarea en próximas entregas. Así es que manténganse en contacto.

Luis Antonio Salazar Caraballo

IBM Certified Specialist for Rational Unified Process e *IBM Certified Specialist for Rational Requirements Management with Use Cases. Scrum Master Accredited Certification.* Miembro del comité Ejecutivo de SEMAT *(Software Engineering Method and Theory)* Capítulo Latinoamérica. Miembro de la IEEE.

Luis Salazar es actualmente Consultor en Ingeniería de software de **Intergrupo S.A.**, la compañía multinacional líder en servicios de Tecnología de la Información y desarrollo de software a la medida con sede principal en Medellín. Con más de 20 años de experiencia en el área (los últimos 12 en Intergrupo), Luis ha sido programador de Software, Analista de Sistemas, Diseñador de bases de datos relacionales, Arquitecto de Soluciones de TI, Gerente de Proyectos y recientemente Consultor en las áreas ya establecidas. A lo largo de ese tiempo, el señor Salazar también ha impartido numerosos cursos especializados en las áreas de su interés en distintas ciudades del país y del extranjero, lo mismo que conferencias y ponencias en Seminarios y Congresos de Tecnologías Informáticas.

Luis ha escrito una serie de artículos tanto técnicos como literarios y afines y ha participado en talleres y foros de literatura. Su libro de poemas **Ansiedad de un Náufrago** fue publicado por la editorial Libros en Red en enero de 2009 y su primer libro de Ingeniería de Requisitos Dirigida por Casos de Uso será publicado en abril de 2013. Luis es autor de las **Lecturas Fundamentales** que se pueden encontrar en **http://www.gazafatonarioIT.com**.